Hans Schalk

BEICHTEN BEFREIT

Warum es guttut
und wie es geht

Hans Schalk

Beichten befreit

Warum es guttut und wie es geht

Pater Hans Schalk, gebürtiger Münchener, ist seit 1951 Redemptorist. Er kommt aus einer reichen Erfahrung als Beichtvater und geistlicher Begleiter und hat seine zentrale Aufgabe stets darin gesehen, den Menschen die Befreiung zum vollen Leben mit Gott zu erschließen. Sein immer wieder aktualisiertes und neu aufgelegtes Beichtbüchlein hat inzwischen eine Auflage von über 60.000 Exemplaren erreicht und wurde in mehrere Sprachen übersetzt.

Klimaneutral gedruckt. Weil jeder Beitrag zählt.

Neuausgabe 2023

Gestaltung und Satz: Neue-Stadt-Grafik
Umschlag: Neue-Stadt-Grafik unter Verwendung eines Fotos von Heinz Ney
Druck: CPI books GmbH, Leck
ISBN 978-3-7346-1308-1

www.neuestadt.com

Zur Neuausgabe

BEICHTEN?

Zehntausende Menschen in mehreren Ländern haben bereits zu diesem kleinen Buch von Pater Hans Schalk übers Beichten gegriffen, und schon wieder stand eine Nachauflage an. Eine Überraschung? Ja und nein.

Ja, es ist eine Überraschung. Denn Beichten hat nun wirklich keine „Hochkonjunktur". Die Zahl der Beichten geht seit Langem zurück, aus vielerlei Gründen. In einem Büchlein übers Beichten kann und soll das nicht verschwiegen werden. Es liegt ja nicht nur an einer oft beklagen „Verdunstung" des Glaubens, es hat auch mit hausgemachten Problemen zu tun. Wie allgemein bekannt, hat es schwerwiegende Fälle von Missbrauch auch der Beichte gegeben. Vieles ist bereits geschehen, um dem entgegenzuwirken, anderes wird noch geschehen müssen.

Wie auch immer: Sowohl eigene Erfahrungen als auch Gehörtes prägen das Verhältnis zur Beichte, zum Bußsakrament oder „Sakrament der Versöhnung", wie es mit einem schönen Begriff auch genannt wird. Manches Mal wurde Beichten als Last empfunden. In seinen vielbeachteten Fastenexerzitien vor Papst Franziskus und der Kurie sagte Pater Ermes Ronchi in ungeschminkter Deutlichkeit: „Lange Zeit hindurch hat die Kirche einen angstbesetzten Glauben vermittelt. Ihre Botschaft kreiste um den Themenkomplex Sünde und Strafe, nicht um Themen wie Wachsen, Aufblühen, Lebensfülle. Nicht selten haben Pfarrer die Kinder eingeschüchtert, und diese suchten das Weite … Die Angst produziert ein trauriges Christentum, verbunden mit dem Bild eines freudlosen Gottes." Dabei wird uns in der Bibel doch *„die Freude* vor Augen gestellt: die Freude des Himmels, die Freude des Hirten, die Freude des guten Vaters, die Freude der Frau, die ihr verlorenes Geldstück wiedergefunden hat". Deshalb, so Ronchi, sei „darauf hinzuwirken, dass die Menschen aus dem Schwitzkasten der Angst herauskommen, dass die Last der Angst, die auf dem Herzen so vieler liegt, leichter wird“ (Ermes Ronchi, Die nackten Fragen des Evangeliums, München [7]2021, 45f).

Ganz in diesem Sinne erinnerte Papst Franziskus daran, „dass der Beichtstuhl keine Folterkammer sein darf, sondern ein Ort der Barmherzigkeit des Herrn, die uns anregt, das mögliche Gute zu tun“; die Beichtväter sollen „immer, überall, in jeder Situation und egal unter welchen Umständen, Zeichen des Primats der Barmherzigkeit sein“ (*Evangelii gaudium* 44; *Misericordiae vultus* 17).

Viele, ja sehr viele Menschen haben genau das beim Beichten erfahren: dass ihnen „Frieden, Freude, Versöhnung, neue Gelassenheit und Vertrauen“ (Carlo M. Martini) geschenkt wurden. Neben aller oft notwendigen psychologischen Unterstützung kann auch das Sakrament der Versöhnung dazu einen wichtigen Beitrag geben. Wie der Körper ernst genommen werden will, so auch die Psyche – und eben auch unsere geistig-spirituelle Wirklichkeit: Wir sind ein vielschichtiges Ganzes. Wir erleben uns als ein „Ich“ mit einer tiefen Sehnsucht nach Angenommensein. Wie gut tut es, wie befreiend ist es, Güte, Verständnis, ja Barmherzigkeit zu erleben. Die Sehnsucht danach ist groß. Wer kann sie uns geben? Wo wird sie uns zugesprochen? Der Glaube sagt: Gott will sie uns schenken – über alle menschlichen Möglichkeiten hinaus. So gesehen ist es *keine* Überraschung, dass viele Menschen nach diesem kleinen Buch greifen: Beichten hat nach wie vor ein enormes Befreiungspotenzial, das entdeckt, das erlebt werden will. Aus seiner langen Erfahrung in der Begleitung von Jung und Alt weiß Pater Schalk, wie lohnend es ist, sich auf die Beichte einzulassen. Vielleicht im Kontext eines Bußgottesdienstes; öfter wird danach ja auch ein persönliches Beichtgespräch angeboten. Nicht wenige Menschen suchen auch ganz bewusst von Zeit zu Zeit eine jener „spirituellen Oasen“ auf, wie es viele Klöster sind, um dort zu beichten.

Die vorliegende kleine Handreichung bietet Anregungen und Tipps, um die eventuelle Scheu oder Unsicherheit zu überwinden und die befreiende Kraft des Beichtens zu erfahren: jenes „große Geschenk, das Gott der Kirche anvertraut hat, um Menschen Vertrauen und Zuversicht zu geben und sie von Schuld- und Angstgefühlen zu befreien“ (Carlo M. Martini).

Stefan Liesenfeld
Verlag Neue Stadt

Inhalt

Anhang

BEICHTEN – EINE KOSTBARE GABE!

„Mein Leben ist wieder *ganz* geworden", meinte eine Studentin nach einer Beichte. Auch ich erlebe die Beichte als kostbare Möglichkeit, meinen Weg als Christ und Mensch, Ordensmann und Priester immer wieder zu klären, *ganz* zu werden.

Manche fragen, wozu Beichten gut sein soll, andere, wie Beichten konkret geht. Beide Fragen beschäftigen mich seit Langem. Auf den folgenden Seiten möchte ich die Antworten geben, die ich aus persönlicher Erfahrung, theologischer Reflexion und Gesprächen mit Interessierten gefunden habe.

Verschiedene Angebote

Es gibt das **Angebot von Bußfeiern:** Menschen versammeln sich, um ihr Leben gemeinsam vor Gott zu stellen, über sich nachzudenken, als Gemeinde Gott um Vergebung zu bitten und den Glauben an die vergebende Zuwendung Gottes zu erneuern. Solche Bußfeiern sind für viele zur großen Hilfe geworden. Sie unterstreichen in besonderer Weise, dass wir gemeinsam vor Gott stehen und füreinander Verantwortung tragen.

Die vorliegenden Gedanken und Anregungen können auch auf eine solche Bußfeier einstimmen. Vor allem aber möchten sie zu einem ganz persönlichen Bußweg einladen, wie ihn die **Beichte und das Beichtgespräch** anbieten.

Als notwendig betrachtet die katholische Kirche die Einzelbeichte, wenn sich jemand einer „schweren" Schuld bewusst ist: einer Haltung, einer Verhaltensweise oder einer Tat, durch die er/sie aus dem Christsein ausgestiegen ist.

Neben einer solchen Bekehrungsbeichte gibt es aber auch das Angebot, sich durch regelmäßiges Beichten beständig auf Bekehrungskurs zu halten.

Beichten kann auf verschiedene Weise geschehen: in einer Kurzform, zum Beispiel im Beichtstuhl, oder in Form eines Beichtgesprächs. Für beide Formen möchte ich Anregungen geben. Ich tue es in der Überlieferung meiner (katholischen) Kirche, bin mir aber der Entwicklungen in anderen Kirchen bewusst. Am Ende möchte ich deshalb einige Hinweise auf die Geschichte des Bußsakraments geben.

P. Hans Schalk CSsR

WOZU BEICHTEN GUT IST

Wozu ist Beichten gut? Es ist gut für mich! Es tut schon gut, wenn ich jemandem meine Sorgen erzählen kann. Es ist gut, wenn jemand da ist, der mir zuhört, den es interessiert, wie es mir wirklich geht. Beim Beichten ist jemand da, dem ich alles erzählen kann, auch das, wofür ich mich schäme. Und wenn ich etwas aussprechen kann, wird es klarer.

Selbstverständlich kann ich als gläubiger Mensch alles Gott direkt erzählen. Aber wenn es die Möglichkeit gibt, dass ich es einem Menschen sage und es dabei zugleich Gott sage? Und wenn dieser Mensch mir etwas direkt von Gott her sagen kann und darf? Ich glaube daran, dass der Priester – ich bin selber einer, und ich gehe zu einem anderen zum Beichten – Auftrag und Vollmacht hat, mir zu sagen: „Gott verzeiht dir! Im innersten Kern deiner Seele ist alles wieder gut!“ Soll ich diese Chance nicht nützen?

Ich komme durch das Beichten weg von der Unsitte, immer auf andere deuten zu müssen. Ich bekomme den Mut, auf mich selber zu schauen. Warum? Weil ich in einen Raum des Vertrauens eintrete, in dem ich mir nichts mehr vorzumachen brauche, sondern mir gegenüber ganz ehrlich sein darf. Ich trete ein in eine besondere Art der Begegnung mit Gott: dem Gott, der meine Zukunft will, mein Heil, meine Therapie, mein Ganzsein. Ich lasse mich ein auf den Weg, den Gott mit mir gehen will.

Gott ist der immer neu kreativ, erlösend und befreiend Liebende. Ich traue mich zu sagen: Beichten ist ein Liebesgeschehen zwischen Gott und mir! Und in der Beichte vollzieht es sich hörbar und erfahrbar durch Menschen. Der begnadete Beichtvater Johannes Maria Vianney, Pfarrer von Ars, konnte sagen: „Der Priester wird sich erst im Himmel recht begreifen. Wenn er sich auf Erden begriffe, würde er sterben, nicht vor Schrecken, sondern vor Liebe.“

Ich habe diese Sätze auf die Einladung zu meiner Priesterweihe geschrieben. Noch heute, viele Jahre danach, kann ich nicht begreifen, was Gott durch mich an Menschen gewirkt hat und was er durch andere Priester an mir wirkt. Beichten kann zu einer ganz besonderen Erfahrung Gottes werden, der Erfahrung des liebenden, befreienden Gottes.

Unser Schatten

Eine Erzählung von Thomas Merton kann mehr sagen als viele Worte:

„Es war einmal ein Mann, den verstimmte der Anblick seines eigenen Schattens so sehr, und er war so unglücklich über seine eigenen Schritte, dass er beschloss, sie hinter sich zu lassen. Er sagte zu sich: Ich laufe ihnen einfach davon. So stand er auf und rannte davon. Aber jedes Mal, wenn er seinen Fuß aufsetzte, war ihm sein Schatten gefolgt. Also lief er schneller und schneller; und er lief so lange, bis er tot zu Boden sank. Wäre er einfach in den Schatten des Baumes getreten, wäre er seinen eigenen Schatten losgeworden, aber darauf kam er nicht."

Der Baum, in dessen Schatten wir unseren Schatten loswerden können, ist der „Kreuzesbaum": In der Hinwendung zu Jesus und seiner grenzenlosen Liebe können wir tatsächlich eine innere Befreiung erleben.

„Dein Gericht ist ein Licht“

Beichten als Erfahrung der befreienden Liebe Gottes? Ja! Aber geht es in der Beichte nicht um etwas Unerbittliches, Erschreckendes? Gehe ich da nicht mit mir ins Gericht? Oder noch erschreckender: Stelle ich mich da nicht unter das Gericht Gottes? Ja, das tue ich! In der Beichte wird etwas von dem persönlichen Gericht vorweggenommen, dem ich mich im Tod einmal endgültig stellen muss. Aber was ist das Gericht Gottes? Beim Propheten Jesaja heißt es:

„Herr, auf das Kommen deines Gerichtes vertrauen wir … Dein Gericht ist ein Licht für die Welt.“

Wir sehnen uns nach dem Licht. Wir sehnen uns danach, ganz „durchlichtet“ zu werden. Der Prophet betet:

„Meine Seele sehnt sich nach dir
in der Nacht,
auch mein Geist ist voll Sehnsucht
nach dir“ (Jesaja 26,8f).

VERANTWORTUNG ÜBERNEHMEN

In der Beichte übernehme ich Verantwortung. Der Praxis des Beichtens liegt das anspruchsvolle Menschenbild der Bibel zugrunde: Mein Menschsein ist mir gegeben, und damit sind mir auch mein Mitmensch-Sein und mein In-der-Welt-Sein vorgegeben und anvertraut.

Es gehört zur Gottebenbildlichkeit und Würde des Menschen, dass er fähig ist zu Freiheit und Verantwortung. Was mache ich aus dem, was ich bin und was mir anvertraut ist? Werde ich der Verantwortung gerecht?

DAS DUNKLE NICHT AUSKLAMMERN

Im Licht Gottes, von dem Jesaja spricht, kann und darf ich mich sehen lernen, wie ich tatsächlich bin: mit meinen Gaben, aber auch mit meiner Mickrigkeit, mit meinen Halbheiten und Feigheiten, mit meinem Versagen, mit meiner Schuld.

Wir können die dunklen Seiten unseres Lebens auf Dauer nicht ausklammern. Wenn wir sie ausblenden, werden wir uns selbst nicht gerecht; wir überspielen etwas, nehmen etwas nicht ernst, was zu uns gehört. Begrenztheit, Fraglichkeit und Schuldfähigkeit gehören zum Menschsein.

INS RECHTE LICHT GERÜCKT

Wenn wir etwas klären wollen, sagen wir gerne, dass wir es „ins rechte Licht rücken“ wollen. „Bei Licht gesehen“ stellt sich heraus, wie es wirklich ist. Wir dürfen unser Leben in das Licht Gottes rücken und es in seinem Licht betrachten! Ich setze mich dem untrüglichen Licht aus, das Gott ist, weil er mich kennt, mich liebend kennt. Das Erkennen der eigenen Mickrigkeit und Schuld mag dabei schmerzen, aber in seinem Licht vollzieht sich zugleich Vergebung und Heil.

Denn was ist das für ein Gott, der mir in der Beichte begegnet? Es ist Gott, wie ihn Jesus verkündet und durch sein Leben, seinen Tod und seine Auferstehung gezeigt hat. Er ist ein Freund der Sünder, einer, der alle Schuld hinwegnehmen möchte und kann.

Unermüdlich

„Gott wird nie müde,
uns zu vergeben, nie …
Das Problem ist,
dass *wir* nicht wollen,
dass *wir* müde werden,
um Vergebung zu bitten.
Er wird es nie müde zu vergeben …
Er ist der liebende Vater,
der immer vergibt,
der ein Herz voller Barmherzigkeit
für uns alle hat,
und auch wir wollen lernen,
mit allen barmherzig zu sein.“

„Für mich ist das die stärkste Botschaft des Herrn: die Barmherzigkeit!“

Papst Franziskus

(In einer Ansprache beim Angelus und
in einer Predigt in St. Anna/Vatikan, 17.3.2013)

Schenk mir deine Sünden!

Eines Tages befand sich der heilige Hieronymus in einem tiefen Gespräch mit dem Herrn. Es drängte ihn, dem Herrn zu sagen:

„Du kennst mein Leben und weißt, dass ich gesündigt habe, dich aber nun wirklich lieben möchte. So habe ich mich von der Welt zurückgezogen, bete viele Stunden, meditiere die Heilige Schrift, tue Buße und faste. Sag mir bitte, was ich noch tun kann, um dir meine Liebe zu zeigen!"

Darauf schaute ihn der Herr in zärtlicher Liebe an und sagte:

„Schenk mir deine Sünden!"

Mündliche Überlieferung

Jesus begegnen

Gott ist wie der barmherzige Vater im Gleichnis Jesu (Lukas 15,11–32):

Der Vater sieht von Ferne den Sohn kommen, der fortgezogen war und sein Erbe verprasst hatte, und geht ihm entgegen. Er macht ihm keine Vorwürfe, sondern fällt ihm um den Hals und küsst ihn. In seiner Freude fordert er auch den zu Hause gebliebenen Sohn auf, einzustimmen in das Fest der Versöhnung: Auch er soll teilnehmen an der Freude darüber, dass der Bruder, der verloren war, wieder nach Hause zurückgefunden hat.

So ist Gott: Er sucht, was verloren ist. Und er wirkt darauf hin, dass auch die anderen uns wieder aufnehmen, wenn wir uns verrannt haben.

Jesus ruft zur Umkehr: „Das Reich Gottes ist nahe. Kehrt um!“ (Markus 1,15). Wohin sollen sich die Leute wenden? Zu ihm, zu Jesus selbst! In ihm ist das Reich Gottes schon da! Bekehrung ist Hinkehr zu Jesus, Begegnung mit Jesus. Auch Beichten bedeutet zuinnerst: Jesus begegnen.

Wie geht Jesus mit sündigen Menschen um?

Eine Ehebrecherin wird vor Jesus geschleppt (vgl. Johannes 8,3–11). Er verblüfft die Ankläger mit dem berühmt gewordenen Satz: „Wer von euch ohne Sünde ist, werfe den ersten Stein auf sie!“ Die Ankläger treten ab. Und Jesus sagt zur Ehebrecherin: „Auch ich verurteile dich nicht. Geh, und sündige von jetzt an nicht mehr!“

Da ist Simon Petrus. Er ist Fischer. Nach einer erfolglosen Nacht auf dem See schickt ihn Jesus nochmals hinaus zum Fischen. Er und seine Gefährten fangen so viele Fische, dass die Boote zu sinken drohen. Und Simon? Er fällt Jesus zu Füßen und bekennt: „Ich bin ein sündiger Mensch!“ In der Begegnung mit Jesus erkennt er sich selbst.

Derselbe Simon Petrus wird in der dunklen Stunde der Verurteilung Jesu seinen Meister verleugnen. Doch als Jesus ihn anschaut, bereut er, Jesus verraten zu haben. Es ist eine Szene, die unter die Haut geht. Ganz wichtig ist der Blick Jesu, der Petrus begegnet und „ihm geduldig und ohne Worte zu verstehen gibt: ‚Petrus, hab keine Angst wegen deiner Schwachheit; vertraue auf mich!‘ Und Petrus versteht, spürt den liebevollen Blick Jesu und weint. Wie schön ist dieser Blick Jesu – wie viel Zärtlichkeit …“ (Papst Franziskus). Unter diesem zärtlichen Blick Jesu haben wir die Chance, wahrhaftig zu werden, uns selbst zu erkennen!

Da ist der Schächer zu Jesu Rechten, einer der beiden, die mit ihm gekreuzigt wurden. Im Schauen auf Jesus bekennt er sich schuldig und glaubt an ihn. Er bittet Jesus, an ihn zu denken, wenn er in sein Reich kommt. Jesus antwortet ihm: „Heute noch wirst du mit mir im Paradies sein!“ (Lukas 23,43). Der Schächer braucht Jesus, der es ihm sagt: Du wirst mit mir im Paradies sein! Die Schuld ist vergessen. Ein solches Wort kann niemand sich selbst zusprechen. Es ist Jesus, der dies dem Schächer sagt. Und die Zusage an den Schächer gilt auch einer jeden, einem jedem von uns.

Dem Petrus und den anderen Aposteln sagt Jesus nach seiner Auferstehung den Frieden zu. Im Johannesevangelium heißt es:

„Am Abend des ersten Tages der Woche, als die Jünger aus Furcht vor den Juden die Türen verschlossen hatten, kam Jesus, trat in ihre Mitte und sagte zu ihnen: Friede sei mit euch! Nach diesen Worten zeigte er ihnen seine Hände und seine Seite. Da freuten sich die Jünger, dass sie den Herrn sahen. Jesus sagte noch einmal zu ihnen: Friede sei mit euch! Wie mich der Vater gesandt hat, so sende ich euch. Nachdem er das gesagt hatte, hauchte er sie an und sprach zu ihnen: Empfangt den Heiligen Geist! Wem ihr die Sünden vergebt, dem sind sie vergeben …" (Johannes 20,19–23).

Die Vollmacht zur Sündenvergebung ist nach dem Johannesevangelium also das erste Geschenk des Auferstandenen an die Seinen! So ist es bis heute: Auch wir haben die Möglichkeit, der erlösenden Liebe Jesu, wie sie sich in seinem Tod und in seiner Auferstehung zeigt, zu begegnen.

In der Eucharistiefeier wenden wir uns vor der Kommunion in Anlehnung an die Worte Johannes des Täufers an Jesus: „Lamm Gottes, du nimmst hinweg die Sünde der Welt ...!" Wie nimmt Jesus die Sünde „hinweg"? Indem er sie auf sich nimmt! Er nimmt die „Sünde" auf sich. Er ist „für uns zur Sünde" geworden (vgl. 2. Korintherbrief 5,21). Er, der Gottesknecht, „wurde durchbohrt wegen unserer Verbrechen, wegen unserer Sünden zermalmt" (Jesaja 53,5). Er erfährt die Verlassenheit von Gott und den Menschen. Mit unserer Sünde beladen, in der Dunkelheit der Trennung von Gott, sagt er am Kreuz: „Vater, in deine Hände lege ich mein Leben" (vgl. Lukas 23,46). Und Jesus vollzieht, was er sagt. Da geschieht Schulderlass: Die „Sünde", das „Böse" und „der Böse" haben nicht mehr das letzte Wort! Der endgültige Sieg hat bereits stattgefunden. In der Beichte habe ich daran teil.

Ich darf beten:

Herr, du hast meine Krankheiten
und meine Sünden
aus Liebe zu mir auf dich genommen
und mit allen Konsequenzen durchgetragen,
in das Leben mit dem Vater hinein.
Wenn ich Gewissenserforschung halte
und in mich hineinschaue,
brauche ich nicht bei mir stehen zu bleiben.
Ich kann auf dich schauen,
der du meine Sünde auf dich genommen hast.
Du, der mit den Wundmalen gezeichnete
Auferstandene,
nimmst meine Schuld von mir –
und ich bin frei!

Der Gekreuzigte

(Federzeichnung des spanischen Mystikers
Johannes vom Kreuz)

Eine Legende

Als Jesus auf der Wanderschaft war, kehrte er einmal in einer Herberge ein. Er aß zu Abend, trank Wein und wollte ein Quartier für die Nacht. Der Herbergsvater bereitete alles vor. Bevor sich Jesus zur Ruhe begab, sagte er zum Herbergsvater: „Nun bin ich heute bei dir eingekehrt. Bevor ich schlafen gehe, möchte ich gern dein Haus sehen."

Der Herbergsvater war über das Interesse, das Jesus zeigte, sehr erfreut. Er zeigte ihm das ganze Haus. Als sie fertig waren, sagte Jesus: „Jetzt habe ich dein ganzes Haus gesehen. Zeige mir jetzt bitte auch noch den Keller."

Der Herbergsvater zögerte ein wenig, doch zeigte er Jesus auch noch den Keller. Als sie dann wieder die Treppe hinaufsteigen wollten, fiel der Blick Jesu auf eine Türe, die verschlossen geblieben war. Er zeigte auf die Türe und sagte: „Ich möchte auch diesen Raum noch sehen!"

Abwehrend meinte der Herbergsvater: „Ach, nur Gerümpel – wirklich nicht sehenswert!"

Liebevoll, aber mit Nachdruck bat Jesus, doch in diesen Raum eingelassen zu werden. In diesem Raum waren viele Kisten, verstaubt und unordentlich sah es aus. Wirklich kein erhebender Anblick.

Jesus trat in den Raum ein, öffnete eine Kiste nach der anderen und nahm behutsam Stück für Stück in die Hand, sah es an und legte es sorgfältig wieder an seinen Platz. Es handelte sich um allerlei Gerümpel, wie abgetragene Schuhe, alte Kleidung, zerschlissene Socken ...

Es verging sehr viel Zeit. Als er alles gesehen hatte, lächelte er den Herbergsvater an, bedankte sich, dass er alles hatte sehen dürfen und legte sich zur Ruhe. Am nächsten Morgen verabschiedete er sich und zog weiter.

Als er nach Monaten wieder zur Herberge kam, begrüßte ihn der Herbergsvater freudig. Er sagte:

„Ich bin so froh, dass du damals auch meinen Keller und all das Gerümpel angesehen hast. Seither habe ich keine Angst mehr, jemand könnte meine Kisten, meine Unordnung entdecken. Du hast mir gezeigt, wie ich mit all diesen alten Sachen, mit dem Gerümpel gut umgehen kann. Ich halte es nun nicht mehr verborgen."

Nichts müssen wir vor Jesus verbergen. Gerade das, was wir am liebsten verstecken würden, kann – für uns, in der Begegnung mit ihm – besonders wertvoll werden!

Sich im Namen Jesu versammeln

In der Beichte, auch da, „ereignet sich“ Kirche. Was ist Kirche? Im sogenannten Gemeindekapitel des Matthäusevangeliums wird Jesus mit dem Wort zitiert:

„Wo zwei oder drei
in meinem Namen versammelt sind,
da bin ich mitten unter ihnen.“
(Matthäus 18,20)

Der Satz bringt elementar zum Ausdruck, was Kirche ist: Wo zwei oder drei im Namen Jesu versammelt sind, da ist Kirche. In der Beichte versammeln sich zwei im Namen Jesu: der Priester und der oder die Beichtende. Es geht ihnen gemeinsam um Jesus, der als Auferstandener seinen Jüngern den Auftrag gab:

„Empfanget den Heiligen Geist!
Wem ihr die Sünden vergebt,
dem sind sie vergeben ..."
(Johannes 20,23)

Beichten ist kein individuelles Geschehen. Es gehören zwei dazu. „Alles wirkliche Leben ist Begegnung" (Martin Buber), es geschieht in Beziehung. Sicher, der Priester spricht in der Beichte „in persona Christi": Durch den Priester sagt Christus dem Beichtenden die Vergebung zu. Die Fülle des Sakraments aber wird erfahren, wenn der Priester dem Beichtenden und der Beichtende dem Priester in evangeliumsgemäßer Liebe, in Güte und Wahrhaftigkeit begegnen. So versammeln sie sich im Namen Jesu und bilden Kirche.

Beichte ist ein elementar kirchlicher Vorgang. Jesus, der sich den Menschen vergebend und neu schaffend zuwendet, ist gegenwärtig. Wir bezeugen in der Beichte Jesus als den, der hier und heute von der Schuld erlöst und befreit, als „Retter der Welt", wie ihn die Engel schon bei seiner Geburt nannten. Wenn wir beichten, bezeugen wir das Wirken Jesu und des Vaters Jesu Christi im Heiligen Geist. So ist Beichte Lobpreis auf

Gott, auf den barmherzigen Gott, der sich in Jesus offenbart hat. In den liturgischen Texten der Kirche zur Feier der Buße wird eingeladen „zum Lobpreis der Barmherzigkeit Gottes“.

WIE BEICHTEN GEHT

1. VORBEREITUNG AUF DIE BEICHTE

Was muss ich tun, wenn ich beichten will? Ich suche konkret nach einer Beichtgelegenheit und bereite mich innerlich auf die Begegnung mit Gott und die Begegnung mit dem Priester vor.

In vielen Pfarreien ist am Kircheneingang und im Pfarrblatt oder Kirchenanzeiger angegeben, wann Beichtgelegenheit ist. An Wallfahrtsorten und in Klosterkirchen gibt es reichlichere Angebote.

In einem klassischen Beichtstuhl ist eine Kniebank vor einem Gitter, hinter dem der Priester sitzt. Diese Art von Beichtstühlen ist besonders geeignet für Beichtende, denen es wichtig ist, die Anonymität zu wahren. In neueren, größeren „Beichtstühlen" ist heute neben dem Gitter ein Tischchen mit Stühlen: für Beichtende, die von Angesicht zu Angesicht sprechen wollen. Man kann also wählen.

Es ist auch möglich, mit einem Priester einen Beichttermin abzusprechen. Vor allem dann, wenn jemand ein ausführlicheres Beichtgespräch möchte, ist dies empfehlenswert. Beichtgespräche können auch im Sprechzimmer stattfinden. Ich erlebe auch Beichten in der Ecke einer Kirche und Beichtgespräche auf einem Spaziergang, im Auto, im Zug …

Zudem gibt es in manchen Pfarreien das Angebot gemeinsamer Bußfeiern mit der Möglichkeit eines Einzelbekenntnisses und persönlicher Lossprechung.

* * *

Innerlich mache ich mir in der Vorbereitung auf die Beichte bewusst, dass mein Vorhaben mit Gott zu tun hat. Ich trete in einen Begegnungsraum mit Gott ein. Konkret heißt das, dass ich mich sammle. Das kann in der Kirche oder in einer anderen geeigneten Umgebung sein. Ein älterer Mitbruder hat es mir einmal so erklärt:

„Ich gehe in die Kirche, mache eine Kniebeuge oder Verneigung, setze oder knie mich hin und mache mir bewusst: Da ist ER und da bin ich. In seinem Licht kann ich auf mein Leben schauen."

Wenn ich mich für ein Beichtgespräch mit einem Priester treffe, zu dem ich in Zukunft regelmäßig kommen möchte, ist es gut, mich vorzustellen und von den Lebensumständen zu berichten, die wichtig sind für das Verständnis meines Schuldbekenntnisses. Ein Beichtgespräch bietet die Chance, die Schuldsituation deutlicher im Zusammenhang der gesamten Lebenssituation anzuschauen. Weitere Beichtgespräche können dann daran anschließen.

Bei einer Beichte, in der ich nur schlicht meine Schuld bekennen möchte, zum Beispiel im Beichtstuhl, wird mich der Priester mit einem Segenswunsch begrüßen. Es ist hilfreich, wenn ich kurz mein Alter, meine familiäre und berufliche Situation und die Zeit nenne, die seit der letzten Beichte vergangen ist. Manche sagen auch, was sie sich beim letzten Mal vorgenommen haben. Auch eine solche Beichte hat die Grundgestalt eines Gesprächs, freilich eines stärker formalisierten Gesprächs.

2. DIE SCHULD IN DEN BLICK BEKOMMEN

In der Beichte wird Schuld vergeben. Also ist es wichtig, die Schuld in den Blick zu bekommen. Was kann helfen, meine Schuld wahrzunehmen?

Wer regelmäßig die Gewissenserforschung pflegt, zum Beispiel im abendlichen Tagesrückblick, wird überblicken können, was seit der letzten Beichte beim Tagesrückblick als Schuld aufgetaucht ist.

Wer das nicht gewohnt ist, wird Ausschau halten nach Gesichtspunkten, unter denen er das eigene Leben überprüfen kann.

Manchmal werde ich von Beichtenden gebeten, ihnen bei der Gewissenserforschung behilflich zu sein. Da pflege ich zunächst zurückzufragen, ob es etwas gibt, was besonders bedrückt oder wofür er/sie sich besonders schämt. Dann kann man klären, was darin Schuld ist und wie der Weg weitergehen kann.

Schuld lässt sich auch entdecken unter dem Gewand gängiger Sätze, mit denen man das eigene Verhalten rechtfertigt. In der Aussage „Wenn man hilft, wird man ja bloß ausgenützt“ kann sich zum Beispiel die Erfahrung niederschlagen, dass jemand in einer bestimmten Situation tatsächlich ausgenützt worden ist. Aber der Satz kann auch benützt werden, sich neuen Anforderungen zu entziehen. Man müsste sich also eingestehen: Ich verallgemeinere eine bestimmte Erfahrung, um mich vor weiterem Helfen zu drücken!

Einige weitere Sätze, die etwas an Wahrheit enthalten, aber zugleich als Ausreden dienen können:

„Ich bete, wenn mir danach ist!“

„Ich bin in meinem Leben schon genug in die Kirche gegangen!“

„Ich muss meinem Ärger einfach manchmal Luft machen!“

„Was geht mich die Hausordnung (zum Beispiel die Ordnung der Abfallbeseitigung ...) an?!“

„Die anderen wissen ja nicht, dass ich es war!“
„Wo kein Kläger, da kein Richter!“
„Das machen doch alle so!“
„Die da oben sind auch nicht besser!“
„Man wird sich doch mal was gönnen dürfen!“

Sich etwas schönreden, sich etwas einreden, sich herausreden … – das alles ist weitverbreitet. Die Sprache hat durchaus etwas Verräterisches: Was verraten mir meine Floskeln über mich und meine – kleine oder größere – Schuld?

GEWISSENSSPIEGEL

Es gibt hilfreiche „Gewissensspiegel" im aktuellen Katholischen Gebet- und Gesangbuch „Gotteslob" (Nummern 598–601) und in anderen Beichthilfen. Wer kein „Gotteslob" zu Hause hat, findet es in fast allen Kirchen ausliegen. Die dort angebotenen Gewissensspiegel gehen auf verschiedene Lebenssituationen und Altersstufen ein. Auf ihre Weise laden sie alle ein, im Licht des liebenden Gottes das eigene Leben zu überdenken.

Im Folgenden ein weiteres Beispiel für einen kurzen Gewissensspiegel, der wichtige Aspekte des Lebens in den Blick nimmt.

Ich kann im Licht Gottes folgenden Fragen nachgehen:

Ist mir das Wichtige wichtig?

Versuche ich zu lieben?

Nehme ich die Verantwortung für die Welt wahr, in der ich lebe?

Übernehme ich die Verantwortung für die Gestaltung meines eigenen Lebens?

a. Ist mir das Wichtige wichtig?

Es kann sein, dass der Mensch so sehr mit Unwichtigem beschäftigt ist, dass er das Wichtige vergisst.

· Worum kreisen meine Wünsche? Mache ich mir Gedanken über Sinn und Ziel meines Lebens? Was unternehme ich, um den Sinn des Lebens zu entdecken?
· Lasse ich mich von (vermeintlich) dringenden Dingen so sehr in Beschlag nehmen, dass ich das wirklich Wichtige immer wieder aufschiebe?
· Was *wäre* wichtig?

· Was bedeutet mir Gott? Glaube ich daran, dass Gott mich liebt? Versuche ich zu erkennen und zu verwirklichen, was Gott mit meinem Leben vorhat? Pflege ich die Beziehung zu Gott (zu Jesus, zum Heiligen Geist)?

· Nehme ich mir für all das genügend Zeit?

b. Versuche ich zu lieben?

Der Mensch, wie Gott ihn gedacht hat, verwirklicht sich in der Liebe.

· Versuche ich, aus mir herauszugehen und auf andere zuzugehen?
· Versuche ich die anderen zu verstehen?
· Was tue ich für andere um der anderen willen?
· Was habe ich versäumt in der Beziehung zu anderen Menschen?
· Bin ich wahrhaftig, treu, aufmerksam in meinen Beziehungen?

Ein besonderes Beziehungsfeld ist die Ehe:
· Wie sehe ich und lebe ich meine geschlechtliche Beziehung? Ist sie Ausdruck der Liebe, der Verantwortung für den Partner/die Partnerin und der Verantwortung für neues Leben?
· Achte ich die Grundregeln, die für das Leben miteinander, in der Familie wichtig sind (zum Beispiel den Respekt vor dem anderen, die Rechte, die jede[r] hat, den besonderen Platz eines jeden)?

c. Nehme ich meine Verantwortung für die Welt wahr, in der ich lebe?

Ich lebe in einer Familie, in einer Gemeinde, in einer Gemeinschaft, in einem Staat, in der Kirche, in der Schöpfung.

· Bin ich mir meiner Verantwortung und Mitverantwortung bewusst? Wie drückt sich dies konkret in meinem Leben aus? In meinem gesellschaftlichen, politischen Engagement? Im Einsatz für Randgruppen und Benachteiligte, für alte, kranke Menschen, für Flüchtlinge …? Nutze ich die mir gegebenen Möglichkeiten?
· Wie gehe ich mit der Schöpfung um? Wie steht es mit meinem Einkaufs- und Konsumverhalten?
· Trage ich Sorge für eine gerechtere Welt?
· Gehe ich Aufgaben aus dem Weg? Ergreife ich die mir möglichen Initiativen?
· Folge ich unkritisch der gängigen Meinung? Ist meine Kritik konstruktiv?
· Nehme ich aktiv am Leben, Beten und Feiern der Gemeinde, in meiner Gemeinschaft teil?

d. Übernehme ich die Verantwortung für die Gestaltung meines eigenen Lebens?

Unser menschliches Leben vollzieht sich in Reifungsschritten.

· Stelle ich mich den Reifungsimpulsen in meinem Leben?
Entwickle ich die Fähigkeiten, die mir gegeben sind, weiter?

· Sehe ich mein Leben und meine Gesundheit als Gabe?
Schade ich mir durch unkontrollierten Gebrauch von Genussmitteln?
Wie nutze ich die neuen Medien? Computer, Smartphone usw.?

· Was unternehme ich, um im Glauben lebendig zu bleiben und zu wachsen? Bilde ich mich weiter?

Solche Gewissensspiegel möchten das Nachdenken in Gang bringen, nicht gängeln oder gar niederdrücken! Es kann sein, dass ich durch sie die eine oder andere Spur entdecke und ihr nachgehe.

In der Anleitung des heiligen Ignatius von Loyola zur Gewissenserforschung habe ich etwas gelesen, was ich weiterempfehlen möchte. Er stellt die Schritte der Gewissenserforschung an den fünf Fingern einer Hand dar, vom Daumen bis zum kleinen Finger. Die Gewissenserforschung beginnt (beim Daumen) mit der Aufforderung:

Sage Dank! So frage ich mich also zuallererst (!): Wofür möchte ich Gott danken?
Dann erst folgen die anderen Finger:
Bitte um Licht!
Prüfe!
Bereue!
Nimm dir vor!

Was es mit dem Bereuen und dem Vorsatz auf sich hat, das betrachten wir kurz im nächsten Abschnitt.

3. „REUE UND VORSATZ“

Was heißt eigentlich „bereuen“? Ich kenne die Situation, dass ich etwas am liebsten ungeschehen machen, die Uhr zurückdrehen und es anders – besser – machen möchte. Ich spüre, dass ich mir und anderen geschadet habe, dass ich einer Situation nicht gerecht geworden bin. Darüber bin ich unzufrieden. Vielleicht schäme ich mich sogar.

Aus dieser Unzufriedenheit oder auch Scham kann Reue entstehen. Je mehr mir dabei deutlich wird, dass ich aus *seinem* Licht herausgetreten bin, an dem vorbei, was im Sinne Gottes ist, bezieht sich die Reue auf Gott: Es tut mir ihm gegenüber leid, was ich gedacht, gesagt und getan oder auch nicht getan habe.

Wenn mir aufgeht, dass Gott immer mein Bestes will, weil er mich liebt, und ich erkenne, dass ich nicht in diesem seinem Willen, das heißt in seiner Liebe, in seinem Licht gelebt habe, tut es mir leid, dass ich die Beziehung zwischen Gott und mir verletzt habe. Die kirchliche Tradition spricht von „Liebesreue“.

Jesus hat sich mit uns Menschen so sehr solidarisiert, dass er unsere Schuld auf sich genommen hat. Wenn ich ihn am Kreuz sehe, kann ich ihm sagen: „Das hast du für uns, für mich getan!“ Reue ist Seitenwechsel: weg von meinem Egoismus, hin zum Mitleben mit Jesus – für die Menschen!

In echter Reue ist der Ansatz zum guten Vorsatz schon enthalten: Ich stelle mich bewusst wieder ins Licht, ich wende mich neu dem Leben im Sinne Gottes zu – und zwar konkret. Ich versuche, es anders oder besser zu machen, bin mir freilich bewusst, dass ich dazu die Hilfe Gottes brauche. Beichte hilft mir zu nüchterner Selbsteinschätzung und fordert heraus zum Vertrauen auf Gott.

Die „Gnade der Scham“

Papst Franziskus sprach einmal von der „Gnade der Scham“, die wir empfinden, wenn wir Gott unsere Schuld bekennen und von Angesicht zu Angesicht mit unserem Bruder, dem Priester, sprechen und ganz konkret unsere Verfehlungen und Sünden beim Namen nennen. Auch wenn das schwerfällt. Denn „wir neigen immer dazu, die Realität unserer Erbärmlichkeit zu verbergen. Hingegen ist es sehr schön, wenn wir unsere Sünden so bekennen, wie sie vor Gott sind. Wenn wir immer wieder diese Gnade der Scham verspüren. Sich vor Gott zu schämen ist eine Gnade. Es ist eine Gnade, dies zu spüren und zu sagen: ‚Ich schäme mich.‘“

Franziskus erinnert an Petrus, der nach dem Wunder Jesu auf dem See sagt: „Herr, geh weg von mir, ich bin ein Sünder.“ Petrus „schämt sich seiner Sünde angesichts der Heiligkeit Jesu Christi“.

Beichten gehen, so Franziskus, heiße, „zu einer Begegnung mit dem Herrn gehen, der uns vergibt, der uns liebt. Und unsere Scham ist das, was wir ihm darbringen: *Herr, ich bin ein Sünder, aber schau, ich bin nicht völlig schlecht, ich bin dazu imstande, mich zu schämen!* – Bitten wir also um diese Gnade, in der Wahrheit zu leben, ohne etwas vor Gott zu verbergen und ohne irgendetwas vor uns selbst zu verbergen".

Unsere Scham ist eine Gabe, die uns hilft, authentischer zu werden!

4. WORTE FINDEN FÜR DAS BEKENNTNIS

Zur Beichte gehört das Bekenntnis. Manchen fällt es schwer zu formulieren, was sie bei sich entdeckt haben. Das rechte Wort kann sich auch im Beichtgespräch erst ergeben. Mir geschieht es öfter, dass ich erst beim Aussprechen der Sünde entdecke, was mein eigentliches Problem und meine eigentliche Schuld ist.

Hilfreich ist es, zum Faktum des Versagens hinzuzufügen, warum es dazu kam. In einem Gewissensspiegel werden einige Wurzeln herausgearbeitet, die zum Sündigen führen: Menschen sündigen, weil sie so leben, als ob es Gott nicht gäbe. Menschen sündigen, weil sie nur an den eigenen Vorteil denken und andere ausnützen. Menschen sündigen, weil sie keine Verantwortung tragen wollen. Menschen sündigen, weil sie sich gehen lassen (vgl. Gotteslob, Ausgabe von 1975, S. 147–152).

Ich erinnere mich an einen Religionslehrer, der die Kinder angeleitet hat, zur Tat immer das Warum hinzuzufügen. Da kamen dann in etwa folgende Sätze:

„Ich bin am Sonntag nicht in die Kirche gekommen, weil ich zu faul zum Aufstehen war."

„Ich habe meiner Schwester das Spielzeug weggenommen, weil ich sie ärgern wollte."

„Ich habe dem Nachbarn das Kellerfenster eingeworfen, weil ich ihn nicht leiden kann."

„Ich habe die Hausaufgabe abgeschrieben, weil ich so lange beim Fernsehen saß, dass ich nicht mehr dazu gekommen bin, sie selber zu machen."

Und wie formuliere ich als Erwachsener? Es können auch hier nur Beispiele angegeben werden:

„Ich bin der Begegnung mit Gott aus dem Weg gegangen, weil ich Angst hatte, dabei mir selber zu begegnen."

„Ich bringe keine rechte Ordnung in die Gestaltung meines Wochenendes und bin deshalb öfter nicht in den Sonntagsgottesdienst gekommen."

„Wenn mich etwas aufregt, fange ich an, zu schreien und zu fluchen. Ich habe mich da einfach nicht in der Hand."

„Ich habe freundschaftliche Beziehungen immer wieder zu meinem Vorteil ausgenützt. Es ist mir nicht wirklich um das Interesse für die Freunde gegangen."

„Im Straßenverkehr schaue ich fast immer nur darauf, dass ich gut vorankomme, ärgere mich, wenn etwas dazwischenkommt, und schimpfe auf andere Verkehrsteilnehmer."

„In unserer Ehe gehe ich in letzter Zeit der Klärung von Störungen aus dem Weg. Ich habe den Eindruck, dass mir unsere Beziehung kein wichtiges Anliegen mehr ist."

„Beim Erzählen beschönige ich gerne zu meinen Gunsten und stelle mich auf Kosten anderer in ein positives Licht."

5. „BUSSAUFLAGE“ UND LOSSPRECHUNG

Nach dem Bekenntnis der Schuld und dem Zuspruch des Priesters gibt dieser eine „Buße“. Diese sogenannte ***Bußauflage*** soll darauf aufmerksam machen, dass wir uns ganz bewusst und entschieden wieder Jesus und dem Guten zuwenden wollen und das Erkannte in die Tat umsetzen.

Die Bußauflage kann unterschiedliche Formen haben:

– Sie kann in einem *Gebet* bestehen und damit den Neuanfang mit Gott unterstreichen.

– Sie kann ein *Auftrag zu einer guten Tat* sein und damit den Neuanfang in der Beziehung zu den Mitmenschen betonen.

– Sie kann auch in einem *Verzicht* bestehen, um das Arbeiten an sich selbst hervorzuheben.

Der Priester erteilt die ***Lossprechung*** mit den Worten:

„Gott, der barmherzige Vater, hat durch den Tod und die Auferstehung seines Sohnes die Welt mit sich versöhnt und den Heiligen Geist gesandt zur Vergebung der Sünden. Durch den Dienst der Kirche schenke er dir Verzeihung und Frieden. So spreche ich dich los von deinen Sünden im Namen des Vaters und des Sohnes und des Heiligen Geistes.“

Beichte befreit und kann deshalb als Befreiung erlebt werden. Es kann aber auch sein, dass bestimmte Fehlhaltungen seelische Spuren hinterlassen, die mit der Beichte nicht einfach verschwinden. Auch im schmerzlichen Erleiden solcher Folgen und im Bemühen um ihre Aufarbeitung bin ich nicht allein. Meine Mitarbeit ist gefordert, aber sie ist Teilnahme am erlösenden Wirken dessen, der mir vergeben hat und in mir das Werk vollenden will, das er begonnen hat.

Nach der Lossprechung entlässt der Priester den Beichtenden – zum Beispiel mit den Worten:

„Deine Sünden sind dir vergeben.
Geh hin in Frieden!“

Der Beichtende ist eingeladen, anschließend Gott zu danken für sein barmherziges Tun an den Menschen. In einem Gebet am Ende der liturgischen Feier der Versöhnung heißt es:

„Wir danken dir
für die Wunder deiner Barmherzigkeit
und preisen dich mit der ganzen Kirche
für unsere Erlösung!“

ANHANG

Aus der Geschichte des Bußsakraments

Wer in den ersten Jahrhunderten der Christenheit Christ werden wollte, bat um die Taufe. Durch sie wurde er/sie nach einer langen Vorbereitungszeit in die „Gemeinschaft der Heiligen", in die christliche Gemeinschaft, aufgenommen. Sünde wurde verstanden als ein Sich-Herauslösen aus dieser Familie der Kinder Gottes (vgl. Apostelgeschichte 5,1–11; 1. Korintherbrief 5,1f).

Für die Christen der ersten Jahrhunderte war das so schwerwiegend, dass sie glaubten, getaufte Sünder könnten nur noch einmal in ihrem Leben einen neuen Anfang setzen.

Die Neuaufnahme vollzog sich in einem festen Ritus: Die Sünder erbaten in einem geheimen Bekenntnis vom Bischof oder vom beauftragten

Priester die Buße, die ihnen durch Handauflegung gewährt wurde. Die Büßer bekamen daraufhin ein Bußgewand und hatten während der Gottesdienste einen besonderen Platz einzunehmen.

Erst nach Ablauf der Bußzeit erfolgte die Versöhnung vor der Gemeinde im Rahmen des Gottesdienstes. Von nun an durften sie wieder voll an der Eucharistiefeier teilnehmen und die Kommunion empfangen.

Bis ins siebte und achte Jahrhundert hielt man in der Westkirche daran fest, dass das Bußsakrament nur einmal im Leben empfangen werden konnte. Vor allem durch den Einfluss der irischen Glaubensboten setzte sich dann aber eine neue Bußpraxis durch: Der Sünder bzw. die Sünderin suchte einen Priester auf, bekannte die Schuld und verrichtete zusammen mit dem Priester lange Gebete: Sie beteten die Bußpsalmen. Danach erhielten die Büßenden einzeln die Bußauflage und wurden gefragt, ob sie an die Vergebung der Sünden durch das Sakrament glauben und die Bußauflage erfüllen wollen. Daraufhin erhielten sie die Lossprechung, oder – die Praxis war nicht überall gleich – sie kehrten zu einem Akt der Versöhnung zum Priester zurück, wenn sie die Buße ausgeführt hatten. Die Buße war also nicht mehr öffentlich und war wiederholbar. Die Bußauflagen waren von begrenzter Dauer; sie bestanden zum Beispiel aus Fasten, Enthaltung von Wein und Fleisch, aus Almosen, Wallfahrt oder Gebet.

In der folgenden Entwicklung, die bis in unsere Tage maßgebend geblieben ist, wurde die Bußleistung immer geringer bewertet. Dafür betonte man umso stärker das Bekenntnis der Sünden; das wurde als der eigentliche Bußvorgang empfunden und gab dem Sakrament den Namen „Beichte". Die Praxis, dass die Beichtenden die Lossprechung unmittelbar nach dem Bekenntnis erhalten, setzte sich allgemein durch. Die Bußauflage konnte anschließend ausgeführt werden.

Aus dem neutestamentlichen „Zuspruch aus Liebe" (vgl. Philipperbrief 2,1) und der Aufforderung, einander zurechtzuweisen (vgl. Römerbrief 15,14), zu ermahnen (vgl. Kolosserbrief 3,16) und zu trösten (vgl. 2. Korintherbrief 1,4), entwickelte sich neben der Bekehrungsbeichte die sogenannte Seelenführungsbeichte. Sie wurde auch durch Laien gespendet und drückte die geschwisterliche

Mitsorge und das gemeinsame Gebet um Heilung und Vergebung aus. In der Alten Kirche ist sie als Sakrament im weiteren Sinn verstanden worden, heute ist sie – durch den Priester gespendet – eine mögliche Form des Vollzugs des Bußsakraments.

Zur Entwicklung in den Kirchen der Reformation

In der evangelischen Kirche hat sich seit der Reformation eine tiefgreifende Entwicklung im Verständnis der Beichte vollzogen. Martin Luther hatte entschieden an der Einzelbeichte festgehalten: „Die heimliche Beichte will ich mir von niemand nehmen lassen und wollte sie nicht um der ganzen Welt Schätze geben; denn ich weiß, was Stärke und Trost sie mir gegeben hat. Ich wäre längst vom Teufel überwunden und abgewürgt worden, wenn mich diese Beichte nicht erhalten hätte." In den Jahrhunderten danach hat die Einzelbeichte im evangelischen Raum an Bedeutung verloren. Sie wurde zur Ausnahme im Glaubensvollzug evangelischer Christen, während die „allgemeine Beichte" an Bedeutung zunahm. Im heutigen Gemeindeleben wachsen mancherorts das Verständnis und die Häufigkeit der Einzelbeichte. Wenn auch die innere Begründung und Ausrichtung in lutherischen, reformierten und freikirchlichen Gemeinden unterschiedlich ist, so wird allgemein die Beichte nicht als Sakrament im katholischen Sinn verstanden, wobei zu beachten ist, dass die evangelischen Christen sehr stark den Vorzug der göttlichen Gnade betonen (was auch die Katholiken als das Entscheidende am Sakrament ansehen).

In den Kirchen der Reformation ist die Einzelbeichte nicht an einen ordinierten Pfarrer gebunden.

* * *

Was der evangelische Theologe Dietrich Bonhoeffer über die Bedeutung der Beichte schrieb, hat konfessionsübergreifend Gültigkeit:

„In der Beichte geschieht der Durchbruch zur Gemeinschaft. Die Sünde will mit dem Menschen allein sein, sie entzieht ihn der Gemeinschaft. Je einsamer ein Mensch wird, desto zerstörender wird die Macht der Sünde über ihn, und je tiefer die Verstrickung, desto heilloser die Einsamkeit. In der Beichte bricht das Licht des Evangeliums in die Finsternis und Verschlossenheit des Herzens hinein."

In der ***katholischen Bußpraxis*** von heute haben Einzelbeichte und Bußfeier ihren je eigenen Platz und drücken miteinander aus, dass Buße und Versöhnung untrennbar zum Lebensvollzug der Kirche gehören.

Impulse von Papst Franziskus

Gottes Liebe gibt dir immer eine Chance!

Heute wissen wir, dass wir, um vergeben zu können, die befreiende Erfahrung gemacht haben müssen, uns selbst zu verstehen und zu vergeben …

Es ist notwendig, mit der eigenen Geschichte ins Reine zu kommen, sich selbst anzunehmen … Das aber setzt die Erfahrung voraus, von Gott Vergebung empfangen zu haben …

Wir wurden von einer Liebe erreicht, die all unserem Tun vorausging und die immer eine neue Chance gibt …

Amoris laetitia 107f

* * *

Niemand soll denken, „der Nähe Gottes und der Macht seiner Zärtlichkeit fern zu sein".

Misericordia et misera 21

Jesu am Kreuz weit geöffnete Arme zeigen, dass niemand aus seiner Liebe und aus seiner Barmherzigkeit ausgeschlossen ist, nicht einmal der größte Sünder: Niemand! Wir alle sind in seine Liebe und seine Barmherzigkeit eingeschlossen.

Jubiläumsaudienz, 12.11.2016

Gott wartet immer auf uns, auch wenn wir uns entfernt haben! Er ist niemals fern, und wenn wir zu ihm zurückkehren, ist er bereit, uns in seine Arme zu schließen.

Aus einer Predigt, Lateran, 7.4.2013

Es gibt keine Situation, die Gott nicht ändern kann, es gibt keine Sünde, die er nicht vergeben kann, wenn wir uns ihm öffnen.

Aus einer Predigt im Petersdom, 30.3.2013

Die FREUDE der Barmherzigkeit entdecken!

In einer oft von der Technik beherrschten Kultur scheinen sich die Formen von Traurigkeit und Einsamkeit zu vervielfältigen, in die die Menschen fallen ... Es braucht Zeugen der Hoffnung und der echten Freude, um die Trugbilder zu verscheuchen, die ein müheloses Glück mit künstlichen Paradiesen versprechen. Die tiefe Leere so vieler kann durch die Hoffnung, die wir im Herzen tragen, und durch die Freude, die daraus hervorgeht, aufgefüllt werden. Es ist so notwendig, die Freude kennenzulernen, die sich in dem vom Erbarmen berührten Herzen offenbart.

Die Barmherzigkeit erweckt Freude, weil sich das Herz der Hoffnung auf ein neues Leben öffnet.

Misericordia et misera 3

* * *

Erhobenen Hauptes neu beginnen – und Zeugen der Barmherzigkeit werden

Mit einem Feingefühl, das uns niemals enttäuscht und uns immer die Freude zurückgeben kann, erlaubt der Herr uns, das Haupt zu erheben und neu zu beginnen.

Evangelii gaudium 3

Wenn man die Barmherzigkeit einmal in ihrer Wahrheit erfahren hat, kehrt man nicht mehr hinter sie zurück: Sie wächst ständig und verändert das Leben.

Misericordia et misera 16

Nehmen wir die Einladung an, uns mit Gott versöhnen zu lassen, um neue Geschöpfe zu werden und seine Barmherzigkeit unter den Schwestern und Brüdern, unter den Menschen auszustrahlen.

Jubiläumsaudienz, 12.11.2016